Pour Merlin, qui m'a donné des ailes
– I.M.T.

Pour Elisabeth et Lars-Göran
– D.E.

Isabel Thomas

Daniel Egnéus

Papillon de Nuit

Kimane

Voici l'histoire de la phalène du bouleau,
un papillon de nuit qui, au fil du temps, s'est
adapté à notre monde. Découvre comment !

Tout commence par une naissance…

Regarde !

Quelque chose frétille au clair de lune. Un petit cocon brillant se tortille. Une vie se réveille après son long sommeil de l'hiver.

Six petites pattes se déplient.
Deux minuscules antennes se déploient.
Et quatre ailes noir et blanc s'étirent
et frissonnent dans la brise.

Attention ! Des prédateurs affamés guettent.

Vite, envole-toi!

Le petit papillon prend son envol et rejoint
ses sœurs, ses frères et ses cousins
qui ont presque tous des ailes blanches
constellées de taches noires.

Mais parfois, un papillon de nuit est différent
des autres et a des ailes noires comme du charbon.

Les papillons de nuit voltigent…

… tournoient, tourbillonnent…

et font des loopings toute la nuit.

Ils cherchent de la nourriture
en essayant de ne pas se faire
manger eux-mêmes.

Attention aux chauves-souris !

Au lever du soleil, les papillons de nuit doivent trouver un endroit sûr pour se reposer. Ils dorment sur des troncs blancs tachetés de noir.

Chut, ne fais pas de bruit !

D’autres créatures ont faim.
Les papillons de nuit sont-ils bien cachés ?

Oh non, sur le tronc blanc du bouleau,
les papillons noirs sont faciles à repérer !

Le bel oiseau apporte le papillon
noir à ses petits affamés !

Les papillons de nuit mouchetés sont
les rois du camouflage. Leurs ailes poivre
et sel les protègent des yeux gourmands.

La nuit suivante, les femelles pondront et
auront bientôt des petits. Les jeunes papillons
de nuit auront eux aussi des ailes poivre
et sel, comme leurs parents.

Chaque année, des millions
de petits œufs éclosent.

Les papillons bien camouflés vivent
assez longtemps pour avoir des petits et
transmettre leurs jolies ailes poivre et sel.

**Mais un jour, le monde
a commencé à changer...**

On a construit des usines qui brûlent du charbon
pour alimenter d'impressionnantes machines.

On a construit des trains
à vapeur pour transporter
des marchandises ici…

…et là

…et partout !

Les cheminées ont rempli l'air

de fumée noire et de suie.

La pollution

a sali les nuages
et noirci les arbres où
les papillons de nuit
se reposent.

Dans ce monde devenu plus noir,
les oiseaux chassent toujours
pour trouver à manger.
Les papillons de nuit peuvent-ils
encore se camoufler et survivre ?

Grâce à leurs ailes toutes noires,
les papillons sombres peuvent se cacher
et échapper aux oiseaux affamés.

Ils vivent assez longtemps
pour pondre et transmettre leurs
ailes noires à leurs petits…

... et aux petits de leurs petits...

... et à toutes
les générations suivantes.

Les papillons de nuit sont toujours
aussi nombreux, mais...

… avec le temps, la plupart d'entre eux
sont devenus noirs comme du charbon.
Et les papillons clairs, avec leurs ailes
poivre et sel, sont devenus rares.

Ils se sont adaptés aux
changements du monde.

La prochaine fois que tu te promèneras
dans la forêt, que tu longeras une haie
ou que tu courras dans un jardin...

... chut, ne fais pas de bruit !

Observe les arbres. Tu apercevras peut-être
un papillon de nuit avec des ailes noires
comme du charbon ou un papillon
de nuit aux ailes tachetées poivre et sel.

Les papillons de nuit sont toujours là,
même si le monde est devenu plus sombre.

Aujourd'hui,
on a décidé de
purifier l'air.
On brûle moins
de charbon pour
faire tourner nos
machines et on utilise
de nouvelles
énergies.

Année après année,
les hommes font des efforts
et les villes deviennent plus
vertes. L'air est un peu plus
pur et les arbres perdent
leur manteau de suie.

Les papillons clairs peuvent
de nouveau se camoufler pour
échapper aux oiseaux affamés !
Et ils vivent assez longtemps
pour transmettre leurs ailes
poivre et sel à leurs petits.

Clairs ou sombres, les papillons
de nuit trouvent toujours
des endroits pour se cacher.

Leur histoire continue...

... et quand le monde
change, ils s'adaptent
pour survivre.

C'est une leçon
et un **espoir** !

L'incroyable histoire de la PHALÈNE DU BOULEAU

Biston betularia

Il existe deux variétés de phalène du bouleau :

la forme claire

la forme sombre

Une histoire d'évolution

L'histoire de la phalène du bouleau est un célèbre exemple de sélection naturelle, un processus qui conduit à l'évolution.

Jusqu'au début du XIXe siècle, la plupart des phalènes du bouleau avaient des ailes mouchetées. La forme plus sombre, repérée pour la première fois en 1848, était très rare. Mais cinquante ans plus tard, c'était le contraire. Neuf phalènes sur dix avaient des ailes foncées. La forme claire avait presque disparu.

La sélection naturelle

Au XXe siècle, on a compris que la théorie des scientifiques Charles Darwin et Alfred Russel Wallace sur la sélection naturelle expliquait la transformation de la phalène du bouleau.

Le jour, les phalènes se reposent sur les arbres. Au début du XIXe siècle, leurs ailes mouchetées leur offraient un camouflage parfait sur l'écorce des arbres couverte de lichen. Les papillons de nuit noirs étaient plus faciles à repérer, de sorte qu'ils étaient plus facilement mangés par les oiseaux. Les papillons clairs étaient mieux adaptés à leur environnement. Ils avaient ainsi plus de chances de survivre et de transmettre leurs caractéristiques à la génération suivante. C'est la sélection naturelle.

Pendant la Révolution industrielle, la pollution de l'air a considérablement augmenté. Elle a détruit les lichens et recouvert les arbres d'une couche de suie. Dans cet environnement, les phalènes du bouleau noires disposaient d'un meilleur camouflage. Elles survivaient donc plus longtemps, pondaient des œufs et transmettaient leurs ailes foncées à leurs petits. Avec le temps, la proportion des phalènes sombres a augmenté.

L'adaptation

Grâce à la sélection naturelle, les phalènes du bouleau se sont mieux adaptées à leur nouvel environnement. L'évolution peut également concerner des plantes ou des animaux qui, en s'adaptant aux changements, deviennent si différents du groupe d'origine qu'ils forment une nouvelle espèce. L'évolution explique comment tant d'êtres vivants différents ont vu le jour dans le monde, des minuscules papillons de nuit aux humains actuels.

Les phalènes du bouleau n'ont pas disparu parce qu'elles ont su s'adapter rapidement aux changements de leur environnement. Cela nous donne l'espoir que d'autres êtres vivants seront capables de survivre aux changements causés par les humains, y compris les changements climatiques.

Les phalènes du bouleau continuent leur histoire. Depuis le milieu du XXe siècle, des lois sont adoptées pour réduire la pollution atmosphérique due à la fumée et à la suie. Au fur et à mesure que les lichens repoussent et que les arbres perdent leur couche de suie, le nombre de phalènes du bouleau claires augmente.

Aujourd'hui, tu peux apercevoir des phalènes claires et des phalènes sombres se reposant sur les arbres.

Les reconnaîtras-tu ?

Kimane

72, rue de Rochechouart - 75009 Paris

Adaptation française : Intexte
Éditrice : Nathalie Merluzzi

Dépôt légal : octobre 2018

Conforme à la Loi n° 49-956 du 16 juillet 1949 sur les publications destinées à la jeunesse, modifiée par la Loi n° 2011-525 du 17 mai 2011.

Imprimé en Chine